REGISTRE DES ACCIDENTS dU TRAVAIL BÉNINS

Conforme aux articles L.441-4 et D.441-1 à D.441-4 du code de la sécurité sociale.

I0509743

Raison Sociale : ....

Établissement : ....

N° Siren : ....

- 👤 ....
- 📞 ....
- ✉ ....
- 📍 ....
- ✏ ....

Date d'ouverture du registre : ....

Date de clôture du registre : ....

Tenue à jour obligatoire

Liste des donneurs de soins :

	1	2	3	4	5
Nom					
Signature					

Contrôles du présent registre :

Nom et Prénom des personnes contrôlant	Fonction	Organisme	Date	Signature	Observations

Numéro d'ORDRE	DATE ACCIDENT - ENREGISTREMENT	NOM et PRÉNOM de la VICTIME	Lieu de l'ACCIDENT (et circonstances détaillées)	NATURE et SIÈGES des LÉSIONS
	accident ..../......./....... enregistrement ..../......./.......			
	accident ..../......./....... enregistrement ..../......./.......			
	accident ..../......./....... enregistrement ..../......./.......			
	accident ..../......./....... enregistrement ..../......./.......			
	accident ..../......./....... enregistrement ..../......./.......			
	accident ..../......./....... enregistrement ..../......./.......			
	accident ..../......./....... enregistrement ..../......./.......			
	accident ..../......./....... enregistrement ..../......./.......			
	accident ..../......./....... enregistrement ..../......./.......			

NOMS des TÉMOINS	SIGNATURE du DONNEUR DE SOINS	SIGNATURE DE LA VICTIME	OBSERVATIONS	DATE de l'ARRÊT de TRAVAIL (le cas échéant)
				du ..../......../........ au ..../......../........
				du ..../......../........ au ..../......../........
				du ..../......../........ au ..../......../........
				du ..../......../........ au ..../......../........
				du ..../......../........ au ..../......../........
				du ..../......../........ au ..../......../........
				du ..../......../........ au ..../......../........
				du ..../......../........ au ..../......../........
				du ..../......../........ au ..../......../........
NOMS des TÉMOINS	SIGNATURE du DONNEUR DE SOINS	SIGNATURE DE LA VICTIME	OBSERVATIONS	DATE de l'ARRÊT de TRAVAIL (le cas échéant)

Numéro d'ORDRE	DATE ACCIDENT - ENREGISTREMENT	NOM et PRÉNOM de la VICTIME	Lieu de l'ACCIDENT (et circonstances détaillées)	NATURE et SIÈGES des LÉSIONS
	accident ……/……/…… enregistrement ……/……/……			
	accident ……/……/…… enregistrement ……/……/……			
	accident ……/……/…… enregistrement ……/……/……			
	accident ……/……/…… enregistrement ……/……/……			
	accident ……/……/…… enregistrement ……/……/……			
	accident ……/……/…… enregistrement ……/……/……			
	accident ……/……/…… enregistrement ……/……/……			
	accident ……/……/…… enregistrement ……/……/……			
	accident ……/……/…… enregistrement ……/……/……			

NOMS des TÉMOINS	SIGNATURE du DONNEUR DE SOINS	SIGNATURE DE LA VICTIME	OBSERVATIONS	DATE de l'ARRÊT de TRAVAIL (le cas échéant)
				du ..../......../........ au ..../......../........
				du ..../......../........ au ..../......../........
				du ..../......../........ au ..../......../........
				du ..../......../........ au ..../......../........
				du ..../......../........ au ..../......../........
				du ..../......../........ au ..../......../........
				du ..../......../........ au ..../......../........
				du ..../......../........ au ..../......../........
				du ..../......../........ au ..../......../........

Numéro d'ORDRE	DATE ACCIDENT - ENREGISTREMENT	NOM et PRÉNOM de la VICTIME	Lieu de l'ACCIDENT (et circonstances détaillées)	NATURE et SIÈGES des LÉSIONS
	accident ..../......../........ enregistrement ..../......../........			
	accident ..../......../........ enregistrement ..../......../........			
	accident ..../......../........ enregistrement ..../......../........			
	accident ..../......../........ enregistrement ..../......../........			
	accident ..../......../........ enregistrement ..../......../........			
	accident ..../......../........ enregistrement ..../......../........			
	accident ..../......../........ enregistrement ..../......../........			
	accident ..../......../........ enregistrement ..../......../........			
	accident ..../......../........ enregistrement ..../......../........			

NOMS des TÉMOINS	SIGNATURE du DONNEUR DE SOINS	SIGNATURE DE LA VICTIME	OBSERVATIONS	DATE de l'ARRÊT de TRAVAIL (le cas échéant)
				du ..../......./........ au ..../......./........
				du ..../......./........ au ..../......./........
				du ..../......./........ au ..../......./........
				du ..../......./........ au ..../......./........
				du ..../......./........ au ..../......./........
				du ..../......./........ au ..../......./........
				du ..../......./........ au ..../......./........
				du ..../......./........ au ..../......./........
				du ..../......./........ au ..../......./........

Numéro d'ORDRE	DATE ACCIDENT - ENREGISTREMENT	NOM et PRÉNOM de la VICTIME	Lieu de l'ACCIDENT (et circonstances détaillées)	NATURE et SIÈGES des LÉSIONS
	accident ……/……/…… enregistrement ……/……/……			
	accident ……/……/…… enregistrement ……/……/……			
	accident ……/……/…… enregistrement ……/……/……			
	accident ……/……/…… enregistrement ……/……/……			
	accident ……/……/…… enregistrement ……/……/……			
	accident ……/……/…… enregistrement ……/……/……			
	accident ……/……/…… enregistrement ……/……/……			
	accident ……/……/…… enregistrement ……/……/……			
	accident ……/……/…… enregistrement ……/……/……			

NOMS des TÉMOINS	SIGNATURE du DONNEUR DE SOINS	SIGNATURE DE LA VICTIME	OBSERVATIONS	DATE de l'ARRÊT de TRAVAIL (le cas échéant)
				du ..../......./........ au ..../......./........
				du ..../......./........ au ..../......./........
				du ..../......./........ au ..../......./........
				du ..../......./........ au ..../......./........
				du ..../......./........ au ..../......./........
				du ..../......./........ au ..../......./........
				du ..../......./........ au ..../......./........
				du ..../......./........ au ..../......./........
NOMS des TÉMOINS	SIGNATURE du DONNEUR DE SOINS	SIGNATURE DE LA VICTIME	OBSERVATIONS	DATE de l'ARRÊT de TRAVAIL (le cas échéant)

Numéro d'ORDRE	DATE ACCIDENT - ENREGISTREMENT	NOM et PRÉNOM de la VICTIME	Lieu de l'ACCIDENT (et circonstances détaillées)	NATURE et SIÈGES des LÉSIONS
	accident ……/……/…… enregistrement ……/……/……			
	accident ……/……/…… enregistrement ……/……/……			
	accident ……/……/…… enregistrement ……/……/……			
	accident ……/……/…… enregistrement ……/……/……			
	accident ……/……/…… enregistrement ……/……/……			
	accident ……/……/…… enregistrement ……/……/……			
	accident ……/……/…… enregistrement ……/……/……			
	accident ……/……/…… enregistrement ……/……/……			
	accident ……/……/…… enregistrement ……/……/……			

NOMS des TÉMOINS	SIGNATURE du DONNEUR DE SOINS	SIGNATURE DE LA VICTIME	OBSERVATIONS	DATE de l'ARRÊT de TRAVAIL (le cas échéant)
				du ……./……./…….. au ……./……./……..
				du ……./……./…….. au ……./……./……..
				du ……./……./…….. au ……./……./……..
				du ……./……./…….. au ……./……./……..
				du ……./……./…….. au ……./……./……..
				du ……./……./…….. au ……./……./……..
				du ……./……./…….. au ……./……./……..
				du ……./……./…….. au ……./……./……..
				du ……./……./…….. au ……./……./……..

Numéro d'ORDRE	DATE ACCIDENT - ENREGISTREMENT	NOM et PRÉNOM de la VICTIME	Lieu de l'ACCIDENT (et circonstances détaillées)	NATURE et SIÈGES des LÉSIONS
	accident ……/……/…… enregistrement ……/……/……			
	accident ……/……/…… enregistrement ……/……/……			
	accident ……/……/…… enregistrement ……/……/……			
	accident ……/……/…… enregistrement ……/……/……			
	accident ……/……/…… enregistrement ……/……/……			
	accident ……/……/…… enregistrement ……/……/……			
	accident ……/……/…… enregistrement ……/……/……			
	accident ……/……/…… enregistrement ……/……/……			
	accident ……/……/…… enregistrement ……/……/……			

NOMS des TÉMOINS	SIGNATURE du DONNEUR DE SOINS	SIGNATURE DE LA VICTIME	OBSERVATIONS	DATE de l'ARRÊT de TRAVAIL (le cas échéant)
				du ..../......../........ au ..../......../........
				du ..../......../........ au ..../......../........
				du ..../......../........ au ..../......../........
				du ..../......../........ au ..../......../........
				du ..../......../........ au ..../......../........
				du ..../......../........ au ..../......../........
				du ..../......../........ au ..../......../........
				du ..../......../........ au ..../......../........
				du ..../......../........ au ..../......../........

Numéro d'ORDRE	DATE ACCIDENT - ENREGISTREMENT	NOM et PRÉNOM de la VICTIME	Lieu de l'ACCIDENT (et circonstances détaillées)	NATURE et SIÈGES des LÉSIONS
	accident ……/……/…… enregistrement ……/……/……			
	accident ……/……/…… enregistrement ……/……/……			
	accident ……/……/…… enregistrement ……/……/……			
	accident ……/……/…… enregistrement ……/……/……			
	accident ……/……/…… enregistrement ……/……/……			
	accident ……/……/…… enregistrement ……/……/……			
	accident ……/……/…… enregistrement ……/……/……			
	accident ……/……/…… enregistrement ……/……/……			
	accident ……/……/…… enregistrement ……/……/……			

NOMS des TÉMOINS	SIGNATURE du DONNEUR DE SOINS	SIGNATURE DE LA VICTIME	OBSERVATIONS	DATE de l'ARRÊT de TRAVAIL (le cas échéant)
				du ..../......./....... au ..../......./.......
				du ..../......./....... au ..../......./.......
				du ..../......./....... au ..../......./.......
				du ..../......./....... au ..../......./.......
				du ..../......./....... au ..../......./.......
				du ..../......./....... au ..../......./.......
				du ..../......./....... au ..../......./.......
				du ..../......./....... au ..../......./.......
				du ..../......./....... au ..../......./.......

Numéro d'ORDRE	DATE ACCIDENT - ENREGISTREMENT	NOM et PRÉNOM de la VICTIME	Lieu de l'ACCIDENT (et circonstances détaillées)	NATURE et SIÈGES des LÉSIONS
	accident ……/……/…… enregistrement ……/……/……			
	accident ……/……/…… enregistrement ……/……/……			
	accident ……/……/…… enregistrement ……/……/……			
	accident ……/……/…… enregistrement ……/……/……			
	accident ……/……/…… enregistrement ……/……/……			
	accident ……/……/…… enregistrement ……/……/……			
	accident ……/……/…… enregistrement ……/……/……			
	accident ……/……/…… enregistrement ……/……/……			
	accident ……/……/…… enregistrement ……/……/……			
Numéro d'ORDRE	DATE ACCIDENT - ENREGISTREMENT	NOM et PRÉNOM de la VICTIME	Lieu de l'ACCIDENT (et circonstances détaillées)	NATURE et SIÈGES des LÉSIONS

NOMS des TÉMOINS	SIGNATURE du DONNEUR DE SOINS	SIGNATURE DE LA VICTIME	OBSERVATIONS	DATE de l'ARRÊT de TRAVAIL (le cas échéant)
				du ..../......../........ au ..../......../........
				du ..../......../........ au ..../......../........
				du ..../......../........ au ..../......../........
				du ..../......../........ au ..../......../........
				du ..../......../........ au ..../......../........
				du ..../......../........ au ..../......../........
				du ..../......../........ au ..../......../........
				du ..../......../........ au ..../......../........
				du ..../......../........ au ..../......../........

Numéro d'ORDRE	DATE ACCIDENT - ENREGISTREMENT	NOM et PRÉNOM de la VICTIME	Lieu de l'ACCIDENT (et circonstances détaillées)	NATURE et SIÈGES des LÉSIONS
	accident ……/……/…… enregistrement ……/……/……			
	accident ……/……/…… enregistrement ……/……/……			
	accident ……/……/…… enregistrement ……/……/……			
	accident ……/……/…… enregistrement ……/……/……			
	accident ……/……/…… enregistrement ……/……/……			
	accident ……/……/…… enregistrement ……/……/……			
	accident ……/……/…… enregistrement ……/……/……			
	accident ……/……/…… enregistrement ……/……/……			
	accident ……/……/…… enregistrement ……/……/……			

NOMS des TÉMOINS	SIGNATURE du DONNEUR DE SOINS	SIGNATURE DE LA VICTIME	OBSERVATIONS	DATE de l'ARRÊT de TRAVAIL (le cas échéant)
				du ..../......./....... au ..../......./.......
				du ..../......./....... au ..../......./.......
				du ..../......./....... au ..../......./.......
				du ..../......./....... au ..../......./.......
				du ..../......./....... au ..../......./.......
				du ..../......./....... au ..../......./.......
				du ..../......./....... au ..../......./.......
				du ..../......./....... au ..../......./.......
				du ..../......./....... au ..../......./.......

Numéro d'ORDRE	DATE ACCIDENT - ENREGISTREMENT	NOM et PRÉNOM de la VICTIME	Lieu de l'ACCIDENT (et circonstances détaillées)	NATURE et SIÈGES des LÉSIONS
	accident ..../......../........ enregistrement ..../......../........			
	accident ..../......../........ enregistrement ..../......../........			
	accident ..../......../........ enregistrement ..../......../........			
	accident ..../......../........ enregistrement ..../......../........			
	accident ..../......../........ enregistrement ..../......../........			
	accident ..../......../........ enregistrement ..../......../........			
	accident ..../......../........ enregistrement ..../......../........			
	accident ..../......../........ enregistrement ..../......../........			
	accident ..../......../........ enregistrement ..../......../........			

NOMS des TÉMOINS	SIGNATURE du DONNEUR DE SOINS	SIGNATURE DE LA VICTIME	OBSERVATIONS	DATE de l'ARRÊT de TRAVAIL (le cas échéant)
				du ..../........./........ au ..../........./........
				du ..../........./........ au ..../........./........
				du ..../........./........ au ..../........./........
				du ..../........./........ au ..../........./........
				du ..../........./........ au ..../........./........
				du ..../........./........ au ..../........./........
				du ..../........./........ au ..../........./........
				du ..../........./........ au ..../........./........
NOMS des TÉMOINS	SIGNATURE du DONNEUR DE SOINS	SIGNATURE DE LA VICTIME	OBSERVATIONS	DATE de l'ARRÊT de TRAVAIL (le cas échéant)

Numéro d'ORDRE	DATE ACCIDENT - ENREGISTREMENT	NOM et PRÉNOM de la VICTIME	Lieu de l'ACCIDENT (et circonstances détaillées)	NATURE et SIÈGES des LÉSIONS
	accident ……/……/…… enregistrement ……/……/……			
	accident ……/……/…… enregistrement ……/……/……			
	accident ……/……/…… enregistrement ……/……/……			
	accident ……/……/…… enregistrement ……/……/……			
	accident ……/……/…… enregistrement ……/……/……			
	accident ……/……/…… enregistrement ……/……/……			
	accident ……/……/…… enregistrement ……/……/……			
	accident ……/……/…… enregistrement ……/……/……			
	accident ……/……/…… enregistrement ……/……/……			

NOMS des TÉMOINS	SIGNATURE du DONNEUR DE SOINS	SIGNATURE DE LA VICTIME	OBSERVATIONS	DATE de l'ARRÊT de TRAVAIL (le cas échéant)
				du ..../......./....... au ..../......./.......
				du ..../......./....... au ..../......./.......
				du ..../......./....... au ..../......./.......
				du ..../......./....... au ..../......./.......
				du ..../......./....... au ..../......./.......
				du ..../......./....... au ..../......./.......
				du ..../......./....... au ..../......./.......
				du ..../......./....... au ..../......./.......
				du ..../......./....... au ..../......./.......
NOMS des TÉMOINS	SIGNATURE du DONNEUR DE SOINS	SIGNATURE DE LA VICTIME	OBSERVATIONS	DATE de l'ARRÊT de TRAVAIL (le cas échéant)

Numéro d'ORDRE	DATE ACCIDENT - ENREGISTREMENT	NOM et PRÉNOM de la VICTIME	Lieu de l'ACCIDENT (et circonstances détaillées)	NATURE et SIÈGES des LÉSIONS
	accident ……../……../…….. enregistrement ……../……../……..			
	accident ……../……../…….. enregistrement ……../……../……..			
	accident ……../……../…….. enregistrement ……../……../……..			
	accident ……../……../…….. enregistrement ……../……../……..			
	accident ……../……../…….. enregistrement ……../……../……..			
	accident ……../……../…….. enregistrement ……../……../……..			
	accident ……../……../…….. enregistrement ……../……../……..			
	accident ……../……../…….. enregistrement ……../……../……..			
	accident ……../……../…….. enregistrement ……../……../……..			

NOMS des TÉMOINS	SIGNATURE du DONNEUR DE SOINS	SIGNATURE DE LA VICTIME	OBSERVATIONS	DATE de l'ARRÊT de TRAVAIL (le cas échéant)
				du ……/……/…… au ……/……/……
				du ……/……/…… au ……/……/……
				du ……/……/…… au ……/……/……
				du ……/……/…… au ……/……/……
				du ……/……/…… au ……/……/……
				du ……/……/…… au ……/……/……
				du ……/……/…… au ……/……/……
				du ……/……/…… au ……/……/……
				du ……/……/…… au ……/……/……
NOMS des TÉMOINS	SIGNATURE du DONNEUR DE SOINS	SIGNATURE DE LA VICTIME	OBSERVATIONS	DATE de l'ARRÊT de TRAVAIL (le cas échéant)

Numéro d'ORDRE	DATE ACCIDENT - ENREGISTREMENT	NOM et PRÉNOM de la VICTIME	Lieu de l'ACCIDENT (et circonstances détaillées)	NATURE et SIÈGES des LÉSIONS
	accident ..../......../........ enregistrement ..../......../........			
	accident ..../......../........ enregistrement ..../......../........			
	accident ..../......../........ enregistrement ..../......../........			
	accident ..../......../........ enregistrement ..../......../........			
	accident ..../......../........ enregistrement ..../......../........			
	accident ..../......../........ enregistrement ..../......../........			
	accident ..../......../........ enregistrement ..../......../........			
	accident ..../......../........ enregistrement ..../......../........			
	accident ..../......../........ enregistrement ..../......../........			

NOMS des TÉMOINS	SIGNATURE du DONNEUR DE SOINS	SIGNATURE DE LA VICTIME	OBSERVATIONS	DATE de l'ARRÊT de TRAVAIL (le cas échéant)
				du ……/……/…… au ……/……/……
				du ……/……/…… au ……/……/……
				du ……/……/…… au ……/……/……
				du ……/……/…… au ……/……/……
				du ……/……/…… au ……/……/……
				du ……/……/…… au ……/……/……
				du ……/……/…… au ……/……/……
				du ……/……/…… au ……/……/……
				du ……/……/…… au ……/……/……

Numéro d'ORDRE	DATE ACCIDENT - ENREGISTREMENT	NOM et PRÉNOM de la VICTIME	Lieu de l'ACCIDENT (et circonstances détaillées)	NATURE et SIÈGES des LÉSIONS
	accident ……../……../…….. enregistrement ……../……../……..			
	accident ……../……../…….. enregistrement ……../……../……..			
	accident ……../……../…….. enregistrement ……../……../……..			
	accident ……../……../…….. enregistrement ……../……../……..			
	accident ……../……../…….. enregistrement ……../……../……..			
	accident ……../……../…….. enregistrement ……../……../……..			
	accident ……../……../…….. enregistrement ……../……../……..			
	accident ……../……../…….. enregistrement ……../……../……..			
	accident ……../……../…….. enregistrement ……../……../……..			

NOMS des TÉMOINS	SIGNATURE du DONNEUR DE SOINS	SIGNATURE DE LA VICTIME	OBSERVATIONS	DATE de l'ARRÊT de TRAVAIL (le cas échéant)
				du ..../......./....... au ..../......./.......
				du ..../......./....... au ..../......./.......
				du ..../......./....... au ..../......./.......
				du ..../......./....... au ..../......./.......
				du ..../......./....... au ..../......./.......
				du ..../......./....... au ..../......./.......
				du ..../......./....... au ..../......./.......
				du ..../......./....... au ..../......./.......
NOMS des TÉMOINS	SIGNATURE du DONNEUR DE SOINS	SIGNATURE DE LA VICTIME	OBSERVATIONS	DATE de l'ARRÊT de TRAVAIL

Numéro d'ORDRE	DATE ACCIDENT - ENREGISTREMENT	NOM et PRÉNOM de la VICTIME	Lieu de l'ACCIDENT (et circonstances détaillées)	NATURE et SIÈGES des LÉSIONS
	accident ……../……../…….. enregistrement ……../……../……..			
	accident ……../……../…….. enregistrement ……../……../……..			
	accident ……../……../…….. enregistrement ……../……../……..			
	accident ……../……../…….. enregistrement ……../……../……..			
	accident ……../……../…….. enregistrement ……../……../……..			
	accident ……../……../…….. enregistrement ……../……../……..			
	accident ……../……../…….. enregistrement ……../……../……..			
	accident ……../……../…….. enregistrement ……../……../……..			
	accident ……../……../…….. enregistrement ……../……../……..			

NOMS des TÉMOINS	SIGNATURE du DONNEUR DE SOINS	SIGNATURE DE LA VICTIME	OBSERVATIONS	DATE de l'ARRÊT de TRAVAIL (le cas échéant)
				du ..../........./........ au ..../........./........
				du ..../........./........ au ..../........./........
				du ..../........./........ au ..../........./........
				du ..../........./........ au ..../........./........
				du ..../........./........ au ..../........./........
				du ..../........./........ au ..../........./........
				du ..../........./........ au ..../........./........
				du ..../........./........ au ..../........./........
				du ..../........./........ au ..../...........

Numéro d'ORDRE	DATE ACCIDENT - ENREGISTREMENT	NOM et PRÉNOM de la VICTIME	Lieu de l'ACCIDENT (et circonstances détaillées)	NATURE et SIÈGES des LÉSIONS
	accident ..../......../........ enregistrement ..../......../........			
	accident ..../......../........ enregistrement ..../......../........			
	accident ..../......../........ enregistrement ..../......../........			
	accident ..../......../........ enregistrement ..../......../........			
	accident ..../......../........ enregistrement ..../......../........			
	accident ..../......../........ enregistrement ..../......../........			
	accident ..../......../........ enregistrement ..../......../........			
	accident ..../......../........ enregistrement ..../......../........			
	accident ..../......../........ enregistrement ..../......../........			

NOMS des TÉMOINS	SIGNATURE du DONNEUR DE SOINS	SIGNATURE DE LA VICTIME	OBSERVATIONS	DATE de l'ARRÊT de TRAVAIL (le cas échéant)
				du ..../......../........ au ..../......../........
				du ..../......../........ au ..../......../........
				du ..../......../........ au ..../......../........
				du ..../......../........ au ..../......../........
				du ..../......../........ au ..../......../........
				du ..../......../........ au ..../......../........
				du ..../......../........ au ..../......../........
				du ..../......../........ au ..../......../........
				du ..../......../........ au ..../......../........
NOMS des TÉMOINS	SIGNATURE du DONNEUR DE SOINS	SIGNATURE DE LA VICTIME	OBSERVATIONS	

Numéro d'ORDRE	DATE ACCIDENT - ENREGISTREMENT	NOM et PRÉNOM de la VICTIME	Lieu de l'ACCIDENT (et circonstances détaillées)	NATURE et SIÈGES des LÉSIONS
	accident ……./……./……. enregistrement ……./……./…….			
	accident ……./……./……. enregistrement ……./……./…….			
	accident ……./……./……. enregistrement ……./……./…….			
	accident ……./……./……. enregistrement ……./……./…….			
	accident ……./……./……. enregistrement ……./……./…….			
	accident ……./……./……. enregistrement ……./……./…….			
	accident ……./……./……. enregistrement ……./……./…….			
	accident ……./……./……. enregistrement ……./……./…….			
	accident ……./……./……. enregistrement ……./……./…….			

NOMS des TÉMOINS	SIGNATURE du DONNEUR DE SOINS	SIGNATURE DE LA VICTIME	OBSERVATIONS	DATE de l'ARRÊT de TRAVAIL (le cas échéant)
				du ..../......../........ au ..../......../........
				du ..../......../........ au ..../......../........
				du ..../......../........ au ..../......../........
				du ..../......../........ au ..../......../........
				du ..../......../........ au ..../......../........
				du ..../......../........ au ..../......../........
				du ..../......../........ au ..../......../........
				du ..../......../........ au ..../......../........
				du ..../......../........ au ..../......../........

Numéro d'ORDRE	DATE ACCIDENT - ENREGISTREMENT	NOM et PRÉNOM de la VICTIME	Lieu de l'ACCIDENT (et circonstances détaillées)	NATURE et SIÈGES des LÉSIONS
	accident ..../......./....... enregistrement ..../......./.......			
	accident ..../......./....... enregistrement ..../......./.......			
	accident ..../......./....... enregistrement ..../......./.......			
	accident ..../......./....... enregistrement ..../......./.......			
	accident ..../......./....... enregistrement ..../......./.......			
	accident ..../......./....... enregistrement ..../......./.......			
	accident ..../......./....... enregistrement ..../......./.......			
	accident ..../......./....... enregistrement ..../......./.......			
	accident ..../......./....... enregistrement ..../......./.......			

NOMS des TÉMOINS	SIGNATURE du DONNEUR DE SOINS	SIGNATURE DE LA VICTIME	OBSERVATIONS	DATE de l'ARRÊT de TRAVAIL (le cas échéant)
				du ..../......./....... au ..../......./.......
				du ..../......./....... au ..../......./.......
				du ..../......./....... au ..../......./.......
				du ..../......./....... au ..../......./.......
				du ..../......./....... au ..../......./.......
				du ..../......./....... au ..../......./.......
				du ..../......./....... au ..../......./.......
				du ..../......./....... au ..../......./.......
				du ..../......./....... au ..../......./.......
NOMS des TÉMOINS	SIGNATURE du DONNEUR DE SOINS	SIGNATURE DE LA VICTIME	OBSERVATIONS	DATE de l'ARRÊT de TRAVAIL (le cas échéant)

Numéro d'ORDRE	DATE ACCIDENT - ENREGISTREMENT	NOM et PRÉNOM de la VICTIME	Lieu de l'ACCIDENT (et circonstances détaillées)	NATURE et SIÈGES des LÉSIONS
	accident ..../......../........ enregistrement ..../......../........			
	accident ..../......../........ enregistrement ..../......../........			
	accident ..../......../........ enregistrement ..../......../........			
	accident ..../......../........ enregistrement ..../......../........			
	accident ..../......../........ enregistrement ..../......../........			
	accident ..../......../........ enregistrement ..../......../........			
	accident ..../......../........ enregistrement ..../......../........			
	accident ..../......../........ enregistrement ..../......../........			
	accident ..../......../........ enregistrement ..../......../........			

NOMS des TÉMOINS	SIGNATURE du DONNEUR DE SOINS	SIGNATURE DE LA VICTIME	OBSERVATIONS	DATE de l'ARRÊT de TRAVAIL (le cas échéant)
				du ……./……./…….. au ……./……./……..
				du ……./……./…….. au ……./……./……..
				du ……./……./…….. au ……./……./……..
				du ……./……./…….. au ……./……./……..
				du ……./……./…….. au ……./……./……..
				du ……./……./…….. au ……./……./……..
				du ……./……./…….. au ……./……./……..
				du ……./……./…….. au ……./……./……..
				du ……./……./…….. au ……./……./……..
NOMS des TÉMOINS	SIGNATURE du DONNEUR DE SOINS	SIGNATURE DE LA VICTIME		

Numéro d'ORDRE	DATE ACCIDENT - ENREGISTREMENT	NOM et PRÉNOM de la VICTIME	Lieu de l'ACCIDENT (et circonstances détaillées)	NATURE et SIÈGES des LÉSIONS
	accident ..../......../........ enregistrement ..../......../........			
	accident ..../......../........ enregistrement ..../......../........			
	accident ..../......../........ enregistrement ..../......../........			
	accident ..../......../........ enregistrement ..../......../........			
	accident ..../......../........ enregistrement ..../......../........			
	accident ..../......../........ enregistrement ..../......../........			
	accident ..../......../........ enregistrement ..../......../........			
	accident ..../......../........ enregistrement ..../......../........			
	accident ..../......../........ enregistrement ..../......../........			

NOMS des TÉMOINS	SIGNATURE du DONNEUR DE SOINS	SIGNATURE DE LA VICTIME	OBSERVATIONS	DATE de l'ARRÊT de TRAVAIL (le cas échéant)
				du ……./……./…….. au ……./……./……..
				du ……./……./…….. au ……./……./……..
				du ……./……./…….. au ……./……./……..
				du ……./……./…….. au ……./……./……..
				du ……./……./…….. au ……./……./……..
				du ……./……./…….. au ……./……./……..
				du ……./……./…….. au ……./……./……..
				du ……./……./…….. au ……./……./……..
				du ……./……./…….. au ……./……./……..
NOMS des TÉMOINS	SIGNATURE du DONNEUR DE SOINS	SIGNATURE DE LA VICTIME	OBSERVATIONS	DATE de l'ARRÊT de TRAVAIL (le cas échéant)

Numéro d'ORDRE	DATE ACCIDENT - ENREGISTREMENT	NOM et PRÉNOM de la VICTIME	Lieu de l'ACCIDENT (et circonstances détaillées)	NATURE et SIÈGES des LÉSIONS
	accident ……/……/…… enregistrement ……/……/……			
	accident ……/……/…… enregistrement ……/……/……			
	accident ……/……/…… enregistrement ……/……/……			
	accident ……/……/…… enregistrement ……/……/……			
	accident ……/……/…… enregistrement ……/……/……			
	accident ……/……/…… enregistrement ……/……/……			
	accident ……/……/…… enregistrement ……/……/……			
	accident ……/……/…… enregistrement ……/……/……			
	accident ……/……/…… enregistrement ……/……/……			

NOMS des TÉMOINS	SIGNATURE du DONNEUR DE SOINS	SIGNATURE DE LA VICTIME	OBSERVATIONS	DATE de l'ARRÊT de TRAVAIL (le cas échéant)
				du ……/……/…… au ……/……/……
				du ……/……/…… au ……/……/……
				du ……/……/…… au ……/……/……
				du ……/……/…… au ……/……/……
				du ……/……/…… au ……/……/……
				du ……/……/…… au ……/……/……
				du ……/……/…… au ……/……/……
				du ……/……/…… au ……/……/……
				du ……/……/…… au ……/……/……

Numéro d'ORDRE	DATE ACCIDENT - ENREGISTREMENT	NOM et PRÉNOM de la VICTIME	Lieu de l'ACCIDENT (et circonstances détaillées)	NATURE et SIÈGES des LÉSIONS
	accident ……../……../…….. enregistrement ……../……../……..			
	accident ……../……../…….. enregistrement ……../……../……..			
	accident ……../……../…….. enregistrement ……../……../……..			
	accident ……../……../…….. enregistrement ……../……../……..			
	accident ……../……../…….. enregistrement ……../……../……..			
	accident ……../……../…….. enregistrement ……../……../……..			
	accident ……../……../…….. enregistrement ……../……../……..			
	accident ……../……../…….. enregistrement ……../……../……..			
	accident ……../……../…….. enregistrement ……../……../……..			

NOMS des TÉMOINS	SIGNATURE du DONNEUR DE SOINS	SIGNATURE DE LA VICTIME	OBSERVATIONS	DATE de l'ARRÊT de TRAVAIL (le cas échéant)
				du ……./……./…….. au ……./……./……..
				du ……./……./…….. au ……./……./……..
				du ……./……./…….. au ……./……./……..
				du ……./……./…….. au ……./……./……..
				du ……./……./…….. au ……./……./……..
				du ……./……./…….. au ……./……./……..
				du ……./……./…….. au ……./……./……..
				du ……./……./…….. au ……./……./……..
				du ……./……./…….. au ……./……./……..

Numéro d'ORDRE	DATE ACCIDENT - ENREGISTREMENT	NOM et PRÉNOM de la VICTIME	Lieu de l'ACCIDENT (et circonstances détaillées)	NATURE et SIÈGES des LÉSIONS
	accident ..../......./....... enregistrement ..../......./.......			
	accident ..../......./....... enregistrement ..../......./.......			
	accident ..../......./....... enregistrement ..../......./.......			
	accident ..../......./....... enregistrement ..../......./.......			
	accident ..../......./....... enregistrement ..../......./.......			
	accident ..../......./....... enregistrement ..../......./.......			
	accident ..../......./....... enregistrement ..../......./.......			
	accident ..../......./....... enregistrement ..../......./.......			
	accident ..../......./....... enregistrement ..../......./.......			

NOMS des TÉMOINS	SIGNATURE du DONNEUR DE SOINS	SIGNATURE DE LA VICTIME	OBSERVATIONS	DATE de l'ARRÊT de TRAVAIL (le cas échéant)
				du ..../........./......... au ..../........./.........
				du ..../........./......... au ..../........./.........
				du ..../........./......... au ..../........./.........
				du ..../........./......... au ..../........./.........
				du ..../........./......... au ..../........./.........
				du ..../........./......... au ..../........./.........
				du ..../........./......... au ..../........./.........
				du ..../........./......... au ..../........./.........
				du ..../........./......... au ..../........./.........

Numéro d'ORDRE	DATE ACCIDENT - ENREGISTREMENT	NOM et PRÉNOM de la VICTIME	Lieu de l'ACCIDENT (et circonstances détaillées)	NATURE et SIÈGES des LÉSIONS
	accident ..../......./....... enregistrement ..../......./.......			
	accident ..../......./....... enregistrement ..../......./.......			
	accident ..../......./....... enregistrement ..../......./.......			
	accident ..../......./....... enregistrement ..../......./.......			
	accident ..../......./....... enregistrement ..../......./.......			
	accident ..../......./....... enregistrement ..../......./.......			
	accident ..../......./....... enregistrement ..../......./.......			
	accident ..../......./....... enregistrement ..../......./.......			
	accident ..../......./....... enregistrement ..../......./.......			

NOMS des TÉMOINS	SIGNATURE du DONNEUR DE SOINS	SIGNATURE DE LA VICTIME	OBSERVATIONS	DATE de l'ARRÊT de TRAVAIL (le cas échéant)
				du ..../......../........ au ..../......../........
				du ..../......../........ au ..../......../........
				du ..../......../........ au ..../......../........
				du ..../......../........ au ..../......../........
				du ..../......../........ au ..../......../........
				du ..../......../........ au ..../......../........
				du ..../......../........ au ..../......../........
				du ..../......../........ au ..../......../........
				du ..../......../........ au ..../......../........

Numéro d'ORDRE	DATE ACCIDENT - ENREGISTREMENT	NOM et PRÉNOM de la VICTIME	Lieu de l'ACCIDENT (et circonstances détaillées)	NATURE et SIÈGES des LÉSIONS
	accident ……/……/…… enregistrement ……/……/……			
	accident ……/……/…… enregistrement ……/……/……			
	accident ……/……/…… enregistrement ……/……/……			
	accident ……/……/…… enregistrement ……/……/……			
	accident ……/……/…… enregistrement ……/……/……			
	accident ……/……/…… enregistrement ……/……/……			
	accident ……/……/…… enregistrement ……/……/……			
	accident ……/……/…… enregistrement ……/……/……			
	accident ……/……/…… enregistrement ……/……/……			

NOMS des TÉMOINS	SIGNATURE du DONNEUR DE SOINS	SIGNATURE DE LA VICTIME	OBSERVATIONS	DATE de l'ARRÊT de TRAVAIL (le cas échéant)
				du ……./……./…… au ……./……./……
				du ……./……./…… au ……./……./……
				du ……./……./…… au ……./……./……
				du ……./……./…… au ……./……./……
				du ……./……./…… au ……./……./……
				du ……./……./…… au ……./……./……
				du ……./……./…… au ……./……./……
				du ……./……./…… au ……./……./……
				du ……./……./…… au ……./……./……
NOMS des TÉMOINS	SIGNATURE du DONNEUR DE SOINS	SIGNATURE DE LA VICTIME	OBSERVATIONS	DATE de l'ARRÊT de TRAVAIL (le cas échéant)

Numéro d'ORDRE	DATE ACCIDENT - ENREGISTREMENT	NOM et PRÉNOM de la VICTIME	Lieu de l'ACCIDENT (et circonstances détaillées)	NATURE et SIÈGES des LÉSIONS
	accident ..../......../........ enregistrement ..../......../........			
	accident ..../......../........ enregistrement ..../......../........			
	accident ..../......../........ enregistrement ..../......../........			
	accident ..../......../........ enregistrement ..../......../........			
	accident ..../......../........ enregistrement ..../......../........			
	accident ..../......../........ enregistrement ..../......../........			
	accident ..../......../........ enregistrement ..../......../........			
	accident ..../......../........ enregistrement ..../......../........			
	accident ..../......../........ enregistrement ..../......../........			

NOMS des TÉMOINS	SIGNATURE du DONNEUR DE SOINS	SIGNATURE DE LA VICTIME	OBSERVATIONS	DATE de l'ARRÊT de TRAVAIL (le cas échéant)
				du ..../......../........ au ..../......../........
				du ..../......../........ au ..../......../........
				du ..../......../........ au ..../......../........
				du ..../......../........ au ..../......../........
				du ..../......../........ au ..../......../........
				du ..../......../........ au ..../......../........
				du ..../......../........ au ..../......../........
				du ..../......../........ au ..../......../........
				du ..../......../........ au ..../......../........
NOMS des TÉMOINS	SIGNATURE du DONNEUR DE SOINS	SIGNATURE DE LA VICTIME	OBSERVATIONS	DATE de l'ARRÊT de TRAVAIL (le cas échéant)

Numéro d'ORDRE	DATE ACCIDENT - ENREGISTREMENT	NOM et PRÉNOM de la VICTIME	Lieu de l'ACCIDENT (et circonstances détaillées)	NATURE et SIÈGES des LÉSIONS
	accident ……./……./……. enregistrement ……./……./…….			
	accident ……./……./……. enregistrement ……./……./…….			
	accident ……./……./……. enregistrement ……./……./…….			
	accident ……./……./……. enregistrement ……./……./…….			
	accident ……./……./……. enregistrement ……./……./…….			
	accident ……./……./……. enregistrement ……./……./…….			
	accident ……./……./……. enregistrement ……./……./…….			
	accident ……./……./……. enregistrement ……./……./…….			
	accident ……./……./……. enregistrement ……./……./…….			

NOMS des TÉMOINS	SIGNATURE du DONNEUR DE SOINS	SIGNATURE DE LA VICTIME	OBSERVATIONS	DATE de l'ARRÊT de TRAVAIL (le cas échéant)
				du ……/……/…… au ……/……/……
				du ……/……/…… au ……/……/……
				du ……/……/…… au ……/……/……
				du ……/……/…… au ……/……/……
				du ……/……/…… au ……/……/……
				du ……/……/…… au ……/……/……
				du ……/……/…… au ……/……/……
				du ……/……/…… au ……/……/……
				du ……/……/…… au ……/……/……

Numéro d'ORDRE	DATE ACCIDENT - ENREGISTREMENT	NOM et PRÉNOM de la VICTIME	Lieu de l'ACCIDENT (et circonstances détaillées)	NATURE et SIÈGES des LÉSIONS
	accident ..../......./....... enregistrement ..../......./.......			
	accident ..../......./....... enregistrement ..../......./.......			
	accident ..../......./....... enregistrement ..../......./.......			
	accident ..../......./....... enregistrement ..../......./.......			
	accident ..../......./....... enregistrement ..../......./.......			
	accident ..../......./....... enregistrement ..../......./.......			
	accident ..../......./....... enregistrement ..../......./.......			
	accident ..../......./....... enregistrement ..../......./.......			
	accident ..../......./....... enregistrement ..../......./.......			

NOMS des TÉMOINS	SIGNATURE du DONNEUR DE SOINS	SIGNATURE DE LA VICTIME	OBSERVATIONS	DATE de l'ARRÊT de TRAVAIL (le cas échéant)
				du ……./……./…….. au ……./……./……..
				du ……./……./…….. au ……./……./……..
				du ……./……./…….. au ……./……./……..
				du ……./……./…….. au ……./……./……..
				du ……./……./…….. au ……./……./……..
				du ……./……./…….. au ……./……./……..
				du ……./……./…….. au ……./……./……..
				du ……./……./…….. au ……./……./……..
				du ……./……./…….. au ……./……./……..

Numéro d'ORDRE	DATE ACCIDENT - ENREGISTREMENT	NOM et PRÉNOM de la VICTIME	Lieu de l'ACCIDENT (et circonstances détaillées)	NATURE et SIÈGES des LÉSIONS
	accident ……./……./……. enregistrement ……./……./…….			
	accident ……./……./……. enregistrement ……./……./…….			
	accident ……./……./……. enregistrement ……./……./…….			
	accident ……./……./……. enregistrement ……./……./…….			
	accident ……./……./……. enregistrement ……./……./…….			
	accident ……./……./……. enregistrement ……./……./…….			
	accident ……./……./……. enregistrement ……./……./…….			
	accident ……./……./……. enregistrement ……./……./…….			
	accident ……./……./……. enregistrement ……./……./…….			

NOMS des TÉMOINS	SIGNATURE du DONNEUR DE SOINS	SIGNATURE DE LA VICTIME	OBSERVATIONS	DATE de l'ARRÊT de TRAVAIL (le cas échéant)
				du ………/………/……… au ………/………/………
				du ………/………/……… au ………/………/………
				du ………/………/……… au ………/………/………
				du ………/………/……… au ………/………/………
				du ………/………/……… au ………/………/………
				du ………/………/……… au ………/………/………
				du ………/………/……… au ………/………/………
				du ………/………/……… au ………/………/………
				du ………/………/……… au ………/………/………

Numéro d'ORDRE	DATE ACCIDENT - ENREGISTREMENT	NOM et PRÉNOM de la VICTIME	Lieu de l'ACCIDENT (et circonstances détaillées)	NATURE et SIÈGES des LÉSIONS
	accident ..../......../........ enregistrement ..../......../........			
	accident ..../......../........ enregistrement ..../......../........			
	accident ..../......../........ enregistrement ..../......../........			
	accident ..../......../........ enregistrement ..../......../........			
	accident ..../......../........ enregistrement ..../......../........			
	accident ..../......../........ enregistrement ..../......../........			
	accident ..../......../........ enregistrement ..../......../........			
	accident ..../......../........ enregistrement ..../......../........			
	accident ..../......../........ enregistrement ..../......../........			

NOMS des TÉMOINS	SIGNATURE du DONNEUR DE SOINS	SIGNATURE DE LA VICTIME	OBSERVATIONS	DATE de l'ARRÊT de TRAVAIL (le cas échéant)
				du ………/………/……… au ………/………/………
				du ………/………/……… au ………/………/………
				du ………/………/……… au ………/………/………
				du ………/………/……… au ………/………/………
				du ………/………/……… au ………/………/………
				du ………/………/……… au ………/………/………
				du ………/………/……… au ………/………/………
				du ………/………/……… au ………/………/………
				du ………/………/……… au ………/………/………
NOMS des TÉMOINS	SIGNATURE du DONNEUR DE SOINS	SIGNATURE DE LA VICTIME	OBSERVATIONS	DATE de l'ARRÊT de TRAVAIL (le cas échéant)

Numéro d'ORDRE	DATE ACCIDENT - ENREGISTREMENT	NOM et PRÉNOM de la VICTIME	Lieu de l'ACCIDENT (et circonstances détaillées)	NATURE et SIÈGES des LÉSIONS
	accident ……./……./……. enregistrement ……./……./…….			
	accident ……./……./……. enregistrement ……./……./…….			
	accident ……./……./……. enregistrement ……./……./…….			
	accident ……./……./……. enregistrement ……./……./…….			
	accident ……./……./……. enregistrement ……./……./…….			
	accident ……./……./……. enregistrement ……./……./…….			
	accident ……./……./……. enregistrement ……./……./…….			
	accident ……./……./……. enregistrement ……./……./…….			
	accident ……./……./……. enregistrement ……./……./…….			

NOMS des TÉMOINS	SIGNATURE du DONNEUR DE SOINS	SIGNATURE DE LA VICTIME	OBSERVATIONS	DATE de l'ARRÊT de TRAVAIL (le cas échéant)
				du ……../……../…….. au ……../……../……..
				du ……../……../…….. au ……../……../……..
				du ……../……../…….. au ……../……../……..
				du ……../……../…….. au ……../……../……..
				du ……../……../…….. au ……../……../……..
				du ……../……../…….. au ……../……../……..
				du ……../……../…….. au ……../……../……..
				du ……../……../…….. au ……../……../……..
				du ……../……../…….. au ……../……../……..

Numéro d'ORDRE	DATE ACCIDENT - ENREGISTREMENT	NOM et PRÉNOM de la VICTIME	Lieu de l'ACCIDENT (et circonstances détaillées)	NATURE et SIÈGES des LÉSIONS
	accident ..../......./....... enregistrement ..../......./.......			
	accident ..../......./....... enregistrement ..../......./.......			
	accident ..../......./....... enregistrement ..../......./.......			
	accident ..../......./....... enregistrement ..../......./.......			
	accident ..../......./....... enregistrement ..../......./.......			
	accident ..../......./....... enregistrement ..../......./.......			
	accident ..../......./....... enregistrement ..../......./.......			
	accident ..../......./....... enregistrement ..../......./.......			
	accident ..../......./....... enregistrement ..../......./.......			

NOMS des TÉMOINS	SIGNATURE du DONNEUR DE SOINS	SIGNATURE DE LA VICTIME	OBSERVATIONS	DATE de l'ARRÊT de TRAVAIL (le cas échéant)
				du ..../........./......... au ..../........./.........
				du ..../........./......... au ..../........./.........
				du ..../........./......... au ..../........./.........
				du ..../........./......... au ..../........./.........
				du ..../........./......... au ..../........./.........
				du ..../........./......... au ..../........./.........
				du ..../........./......... au ..../........./.........
				du ..../........./......... au ..../........./.........
				du ..../........./......... au ..../........./.........
NOMS des TÉMOINS	SIGNATURE du DONNEUR DE SOINS	SIGNATURE DE LA VICTIME	OBSERVATIONS	DATE de l'ARRÊT de TRAVAIL (le cas échéant)

Numéro d'ORDRE	DATE ACCIDENT - ENREGISTREMENT	NOM et PRÉNOM de la VICTIME	Lieu de l'ACCIDENT (et circonstances détaillées)	NATURE et SIÈGES des LÉSIONS
	accident ……/……/…… enregistrement ……/……/……			
	accident ……/……/…… enregistrement ……/……/……			
	accident ……/……/…… enregistrement ……/……/……			
	accident ……/……/…… enregistrement ……/……/……			
	accident ……/……/…… enregistrement ……/……/……			
	accident ……/……/…… enregistrement ……/……/……			
	accident ……/……/…… enregistrement ……/……/……			
	accident ……/……/…… enregistrement ……/……/……			
	accident ……/……/…… enregistrement ……/……/……			

NOMS des TÉMOINS	SIGNATURE du DONNEUR DE SOINS	SIGNATURE DE LA VICTIME	OBSERVATIONS	DATE de l'ARRÊT de TRAVAIL (le cas échéant)
				du ..../........./........ au ..../........./........
				du ..../........./........ au ..../........./........
				du ..../........./........ au ..../........./........
				du ..../........./........ au ..../........./........
				du ..../........./........ au ..../........./........
				du ..../........./........ au ..../........./........
				du ..../........./........ au ..../........./........
				du ..../........./........ au ..../........./........
				du ..../........./........ au ..../........./........

Numéro d'ORDRE	DATE ACCIDENT - ENREGISTREMENT	NOM et PRÉNOM de la VICTIME	Lieu de l'ACCIDENT (et circonstances détaillées)	NATURE et SIÈGES des LÉSIONS
	accident ..../......./....... enregistrement ..../......./.......			
	accident ..../......./....... enregistrement ..../......./.......			
	accident ..../......./....... enregistrement ..../......./.......			
	accident ..../......./....... enregistrement ..../......./.......			
	accident ..../......./....... enregistrement ..../......./.......			
	accident ..../......./....... enregistrement ..../......./.......			
	accident ..../......./....... enregistrement ..../......./.......			
	accident ..../......./....... enregistrement ..../......./.......			
	accident ..../......./....... enregistrement ..../......./.......			

NOMS des TÉMOINS	SIGNATURE du DONNEUR DE SOINS	SIGNATURE DE LA VICTIME	OBSERVATIONS	DATE de l'ARRÊT de TRAVAIL (le cas échéant)
				du ..../......../........ au ..../......../........
				du ..../......../........ au ..../......../........
				du ..../......../........ au ..../......../........
				du ..../......../........ au ..../......../........
				du ..../......../........ au ..../......../........
				du ..../......../........ au ..../......../........
				du ..../......../........ au ..../......../........
				du ..../......../........ au ..../......../........
				du ..../......../........ au ..../......../........
NOMS des TÉMOINS	SIGNATURE du DONNEUR DE SOINS	SIGNATURE DE LA VICTIME	OBSERVATIONS	DATE de l'ARRÊT de TRAVAIL (le cas échéant)

Numéro d'ORDRE	DATE ACCIDENT - ENREGISTREMENT	NOM et PRÉNOM de la VICTIME	Lieu de l'ACCIDENT (et circonstances détaillées)	NATURE et SIÈGES des LÉSIONS
	accident ..../......../........ enregistrement ..../......../........			
	accident ..../......../........ enregistrement ..../......../........			
	accident ..../......../........ enregistrement ..../......../........			
	accident ..../......../........ enregistrement ..../......../........			
	accident ..../......../........ enregistrement ..../......../........			
	accident ..../......../........ enregistrement ..../......../........			
	accident ..../......../........ enregistrement ..../......../........			
	accident ..../......../........ enregistrement ..../......../........			
	accident ..../......../........ enregistrement ..../......../........			

NOMS des TÉMOINS	SIGNATURE du DONNEUR DE SOINS	SIGNATURE DE LA VICTIME	OBSERVATIONS	DATE de l'ARRÊT de TRAVAIL (le cas échéant)
				du ..../........./......... au ..../........./.........
				du ..../........./......... au ..../........./.........
				du ..../........./......... au ..../........./.........
				du ..../........./......... au ..../........./.........
				du ..../........./......... au ..../........./.........
				du ..../........./......... au ..../........./.........
				du ..../........./......... au ..../........./.........
				du ..../........./......... au ..../........./.........
				du ..../........./......... au ..../........./.........
NOMS des TÉMOINS	SIGNATURE du DONNEUR DE SOINS	SIGNATURE DE LA VICTIME	OBSERVATIONS	DATE de l'ARRÊT de TRAVAIL (le cas échéant)

Numéro d'ORDRE	DATE ACCIDENT - ENREGISTREMENT	NOM et PRÉNOM de la VICTIME	Lieu de l'ACCIDENT (et circonstances détaillées)	NATURE et SIÈGES des LÉSIONS
	accident ..../......../........ enregistrement ..../......../........			
	accident ..../......../........ enregistrement ..../......../........			
	accident ..../......../........ enregistrement ..../......../........			
	accident ..../......../........ enregistrement ..../......../........			
	accident ..../......../........ enregistrement ..../......../........			
	accident ..../......../........ enregistrement ..../......../........			
	accident ..../......../........ enregistrement ..../......../........			
	accident ..../......../........ enregistrement ..../......../........			
	accident ..../......../........ enregistrement ..../......../........			

NOMS des TÉMOINS	SIGNATURE du DONNEUR DE SOINS	SIGNATURE DE LA VICTIME	OBSERVATIONS	DATE de l'ARRÊT de TRAVAIL (le cas échéant)
				du ..../......../........ au ..../......../........
				du ..../......../........ au ..../......../........
				du ..../......../........ au ..../......../........
				du ..../......../........ au ..../......../........
				du ..../......../........ au ..../......../........
				du ..../......../........ au ..../......../........
				du ..../......../........ au ..../......../........
				du ..../......../........ au ..../......../........
				du ..../......../........ au ..../......../........
NOMS des TÉMOINS	SIGNATURE du DONNEUR DE SOINS	SIGNATURE DE LA VICTIME	OBSERVATIONS	

Numéro d'ORDRE	DATE ACCIDENT - ENREGISTREMENT	NOM et PRÉNOM de la VICTIME	Lieu de l'ACCIDENT (et circonstances détaillées)	NATURE et SIÈGES des LÉSIONS
	accident ..../......../........ enregistrement ..../......../........			
	accident ..../......../........ enregistrement ..../......../........			
	accident ..../......../........ enregistrement ..../......../........			
	accident ..../......../........ enregistrement ..../......../........			
	accident ..../......../........ enregistrement ..../......../........			
	accident ..../......../........ enregistrement ..../......../........			
	accident ..../......../........ enregistrement ..../......../........			
	accident ..../......../........ enregistrement ..../......../........			
	accident ..../......../........ enregistrement ..../......../........			

| Numéro d'ORDRE | DATE ACCIDENT - ENREGISTREMENT | NOM et PRÉNOM de la VICTIME | Lieu de l'ACCIDENT (et circonstances détaillées) | NATURE et SIÈGES des LÉSIONS |

NOMS des TÉMOINS	SIGNATURE du DONNEUR DE SOINS	SIGNATURE DE LA VICTIME	OBSERVATIONS	DATE de l'ARRÊT de TRAVAIL (le cas échéant)
				du ……./……./…….. au ……./……./……..
				du ……./……./…….. au ……./……./……..
				du ……./……./…….. au ……./……./……..
				du ……./……./…….. au ……./……./……..
				du ……./……./…….. au ……./……./……..
				du ……./……./…….. au ……./……./……..
				du ……./……./…….. au ……./……./……..
				du ……./……./…….. au ……./……./……..
				du ……./……./…….. au ……./……./……..

Numéro d'ORDRE	DATE ACCIDENT - ENREGISTREMENT	NOM et PRÉNOM de la VICTIME	Lieu de l'ACCIDENT (et circonstances détaillées)	NATURE et SIÈGES des LÉSIONS
	accident ..../......../........ enregistrement ..../......../........			
	accident ..../......../........ enregistrement ..../......../........			
	accident ..../......../........ enregistrement ..../......../........			
	accident ..../......../........ enregistrement ..../......../........			
	accident ..../......../........ enregistrement ..../......../........			
	accident ..../......../........ enregistrement ..../......../........			
	accident ..../......../........ enregistrement ..../......../........			
	accident ..../......../........ enregistrement ..../......../........			
	accident ..../......../........ enregistrement ..../......../........			

NOMS des TÉMOINS	SIGNATURE du DONNEUR DE SOINS	SIGNATURE DE LA VICTIME	OBSERVATIONS	DATE de l'ARRÊT de TRAVAIL (le cas échéant)
				du ..../......./....... au ..../......./.......
				du ..../......./....... au ..../......./.......
				du ..../......./....... au ..../......./.......
				du ..../......./....... au ..../......./.......
				du ..../......./....... au ..../......./.......
				du ..../......./....... au ..../......./.......
				du ..../......./....... au ..../......./.......
				du ..../......./....... au ..../......./.......
				du ..../......./....... au ..../......./.......

Numéro d'ORDRE	DATE ACCIDENT - ENREGISTREMENT	NOM et PRÉNOM de la VICTIME	Lieu de l'ACCIDENT (et circonstances détaillées)	NATURE et SIÈGES des LÉSIONS
	accident ..../......../........ enregistrement ..../......../........			
	accident ..../......../........ enregistrement ..../......../........			
	accident ..../......../........ enregistrement ..../......../........			
	accident ..../......../........ enregistrement ..../......../........			
	accident ..../......../........ enregistrement ..../......../........			
	accident ..../......../........ enregistrement ..../......../........			
	accident ..../......../........ enregistrement ..../......../........			
	accident ..../......../........ enregistrement ..../......../........			
	accident ..../......../........ enregistrement ..../......../........			
Numéro d'ORDRE	DATE ACCIDENT - ENREGISTREMENT	NOM et PRÉNOM de la VICTIME	Lieu de l'ACCIDENT (et circonstances détaillées)	NATURE et SIÈGES des LÉSIONS

NOMS des TÉMOINS	SIGNATURE du DONNEUR DE SOINS	SIGNATURE DE LA VICTIME	OBSERVATIONS	DATE de l'ARRÊT de TRAVAIL (le cas échéant)
				du ……../……../…….. au ……../……../……..
				du ……../……../…….. au ……../……../……..
				du ……../……../…….. au ……../……../……..
				du ……../……../…….. au ……../……../……..
				du ……../……../…….. au ……../……../……..
				du ……../……../…….. au ……../……../……..
				du ……../……../…….. au ……../……../……..
				du ……../……../…….. au ……../……../……..
				du ……../……../…….. au ……../……../……..
NOMS des TÉMOINS	SIGNATURE du DONNEUR DE SOINS	SIGNATURE DE LA VICTIME	OBSERVATIONS	DATE de l'ARRÊT de TRAVAIL (le cas échéant)

Numéro d'ORDRE	DATE ACCIDENT - ENREGISTREMENT	NOM et PRÉNOM de la VICTIME	Lieu de l'ACCIDENT (et circonstances détaillées)	NATURE et SIÈGES des LÉSIONS
	accident ..../........./......... enregistrement ..../........./.........			
	accident ..../........./......... enregistrement ..../........./.........			
	accident ..../........./......... enregistrement ..../........./.........			
	accident ..../........./......... enregistrement ..../........./.........			
	accident ..../........./......... enregistrement ..../........./.........			
	accident ..../........./......... enregistrement ..../........./.........			
	accident ..../........./......... enregistrement ..../........./.........			
	accident ..../........./......... enregistrement ..../........./.........			
	accident ..../........./......... enregistrement ..../........./.........			

NOMS des TÉMOINS	SIGNATURE du DONNEUR DE SOINS	SIGNATURE DE LA VICTIME	OBSERVATIONS	DATE de l'ARRÊT de TRAVAIL (le cas échéant)
				du ..../......./....... au ..../......./.......
				du ..../......./....... au ..../......./.......
				du ..../......./....... au ..../......./.......
				du ..../......./....... au ..../......./.......
				du ..../......./....... au ..../......./.......
				du ..../......./....... au ..../......./.......
				du ..../......./....... au ..../......./.......
				du ..../......./....... au ..../......./.......
NOMS des TÉMOINS	SIGNATURE du DONNEUR DE SOINS	SIGNATURE DE LA VICTIME	OBSERVATIONS	du ..../......./....... au ..../......./.......

Numéro d'ORDRE	DATE ACCIDENT - ENREGISTREMENT	NOM et PRÉNOM de la VICTIME	Lieu de l'ACCIDENT (et circonstances détaillées)	NATURE et SIÈGES des LÉSIONS
	accident ……../……../…….. enregistrement ……../……../……..			
	accident ……../……../…….. enregistrement ……../……../……..			
	accident ……../……../…….. enregistrement ……../……../……..			
	accident ……../……../…….. enregistrement ……../……../……..			
	accident ……../……../…….. enregistrement ……../……../……..			
	accident ……../……../…….. enregistrement ……../……../……..			
	accident ……../……../…….. enregistrement ……../……../……..			
	accident ……../……../…….. enregistrement ……../……../……..			
	accident ……../……../…….. enregistrement ……../……../……..			

NOMS des TÉMOINS	SIGNATURE du DONNEUR DE SOINS	SIGNATURE DE LA VICTIME	OBSERVATIONS	DATE de l'ARRÊT de TRAVAIL (le cas échéant)
				du ……../……../…….. au ……../……../……..
				du ……../……../…….. au ……../……../……..
				du ……../……../…….. au ……../……../……..
				du ……../……../…….. au ……../……../……..
				du ……../……../…….. au ……../……../……..
				du ……../……../…….. au ……../……../……..
				du ……../……../…….. au ……../……../……..
				du ……../……../…….. au ……../……../……..
				du ……../……../…….. au ……../……../……..
NOMS des TÉMOINS	SIGNATURE du DONNEUR DE SOINS	SIGNATURE DE LA VICTIME	OBSERVATIONS	DATE de l'ARRÊT de TRAVAIL (le cas échéant)

Numéro d'ORDRE	DATE ACCIDENT - ENREGISTREMENT	NOM et PRÉNOM de la VICTIME	Lieu de l'ACCIDENT (et circonstances détaillées)	NATURE et SIÈGES des LÉSIONS
	accident ……./……./……. enregistrement ……./……./…….			
	accident ……./……./……. enregistrement ……./……./…….			
	accident ……./……./……. enregistrement ……./……./…….			
	accident ……./……./……. enregistrement ……./……./…….			
	accident ……./……./……. enregistrement ……./……./…….			
	accident ……./……./……. enregistrement ……./……./…….			
	accident ……./……./……. enregistrement ……./……./…….			
	accident ……./……./……. enregistrement ……./……./…….			
	accident ……./……./……. enregistrement ……./……./…….			

NOMS des TÉMOINS	SIGNATURE du DONNEUR DE SOINS	SIGNATURE DE LA VICTIME	OBSERVATIONS	DATE de l'ARRÊT de TRAVAIL (le cas échéant)
				du ……/……/…… au ……/……/……
				du ……/……/…… au ……/……/……
				du ……/……/…… au ……/……/……
				du ……/……/…… au ……/……/……
				du ……/……/…… au ……/……/……
				du ……/……/…… au ……/……/……
				du ……/……/…… au ……/……/……
				du ……/……/…… au ……/……/……
				du ……/……/…… au ……/……/……

Numéro d'ORDRE	DATE ACCIDENT - ENREGISTREMENT	NOM et PRÉNOM de la VICTIME	Lieu de l'ACCIDENT (et circonstances détaillées)	NATURE et SIÈGES des LÉSIONS
	accident ……./……./……. enregistrement ……./……./…….			
	accident ……./……./……. enregistrement ……./……./…….			
	accident ……./……./……. enregistrement ……./……./…….			
	accident ……./……./……. enregistrement ……./……./…….			
	accident ……./……./……. enregistrement ……./……./…….			
	accident ……./……./……. enregistrement ……./……./…….			
	accident ……./……./……. enregistrement ……./……./…….			
	accident ……./……./……. enregistrement ……./……./…….			
	accident ……./……./……. enregistrement ……./……./…….			

NOMS des TÉMOINS	SIGNATURE du DONNEUR DE SOINS	SIGNATURE DE LA VICTIME	OBSERVATIONS	DATE de l'ARRÊT de TRAVAIL (le cas échéant)
				du ..../......../........ au ..../......../........
				du ..../......../........ au ..../......../........
				du ..../......../........ au ..../......../........
				du ..../......../........ au ..../......../........
				du ..../......../........ au ..../......../........
				du ..../......../........ au ..../......../........
				du ..../......../........ au ..../......../........
				du ..../......../........ au ..../......../........
				du ..../......../........ au ..../......../........

Numéro d'ORDRE	DATE ACCIDENT - ENREGISTREMENT	NOM et PRÉNOM de la VICTIME	Lieu de l'ACCIDENT (et circonstances détaillées)	NATURE et SIÈGES des LÉSIONS
	accident ……/……/…… enregistrement ……/……/……			
	accident ……/……/…… enregistrement ……/……/……			
	accident ……/……/…… enregistrement ……/……/……			
	accident ……/……/…… enregistrement ……/……/……			
	accident ……/……/…… enregistrement ……/……/……			
	accident ……/……/…… enregistrement ……/……/……			
	accident ……/……/…… enregistrement ……/……/……			
	accident ……/……/…… enregistrement ……/……/……			
	accident ……/……/…… enregistrement ……/……/……			

NOMS des TÉMOINS	SIGNATURE du DONNEUR DE SOINS	SIGNATURE DE LA VICTIME	OBSERVATIONS	DATE de l'ARRÊT de TRAVAIL (le cas échéant)
				du ..../......../........ au ..../......../........
				du ..../......../........ au ..../......../........
				du ..../......../........ au ..../......../........
				du ..../......../........ au ..../......../........
				du ..../......../........ au ..../......../........
				du ..../......../........ au ..../......../........
				du ..../......../........ au ..../......../........
				du ..../......../........ au ..../......../........
				du ..../......../........ au ..../......../........

Numéro d'ORDRE	DATE ACCIDENT - ENREGISTREMENT	NOM et PRÉNOM de la VICTIME	Lieu de l'ACCIDENT (et circonstances détaillées)	NATURE et SIÈGES des LÉSIONS
	accident ……../……../……… enregistrement ……../……../………			
	accident ……../……../……… enregistrement ……../……../………			
	accident ……../……../……… enregistrement ……../……../………			
	accident ……../……../……… enregistrement ……../……../………			
	accident ……../……../……… enregistrement ……../……../………			
	accident ……../……../……… enregistrement ……../……../………			
	accident ……../……../……… enregistrement ……../……../………			
	accident ……../……../……… enregistrement ……../……../………			
	accident ……../……../……… enregistrement ……../……../………			

NOMS des TÉMOINS	SIGNATURE du DONNEUR DE SOINS	SIGNATURE DE LA VICTIME	OBSERVATIONS	DATE de l'ARRÊT de TRAVAIL (le cas échéant)
				du ..../......./....... au ..../......./.......
				du ..../......./....... au ..../......./.......
				du ..../......./....... au ..../......./.......
				du ..../......./....... au ..../......./.......
				du ..../......./....... au ..../......./.......
				du ..../......./....... au ..../......./.......
				du ..../......./....... au ..../......./.......
				du ..../......./....... au ..../......./.......
				du ..../......./....... au ..../......./.......

Numéro d'ORDRE	DATE ACCIDENT - ENREGISTREMENT	NOM et PRÉNOM de la VICTIME	Lieu de l'ACCIDENT (et circonstances détaillées)	NATURE et SIÈGES des LÉSIONS
	accident ……/……/…… enregistrement ……/……/……			
	accident ……/……/…… enregistrement ……/……/……			
	accident ……/……/…… enregistrement ……/……/……			
	accident ……/……/…… enregistrement ……/……/……			
	accident ……/……/…… enregistrement ……/……/……			
	accident ……/……/…… enregistrement ……/……/……			
	accident ……/……/…… enregistrement ……/……/……			
	accident ……/……/…… enregistrement ……/……/……			
	accident ……/……/…… enregistrement ……/……/……			

NOMS des TÉMOINS	SIGNATURE du DONNEUR DE SOINS	SIGNATURE DE LA VICTIME	OBSERVATIONS	DATE de l'ARRÊT de TRAVAIL (le cas échéant)
				du ..../......../........ au ..../......../........
				du ..../......../........ au ..../......../........
				du ..../......../........ au ..../......../........
				du ..../......../........ au ..../......../........
				du ..../......../........ au ..../......../........
				du ..../......../........ au ..../......../........
				du ..../......../........ au ..../......../........
				du ..../......../........ au ..../......../........
				du ..../......../........ au ..../......../........

Numéro d'ORDRE	DATE ACCIDENT - ENREGISTREMENT	NOM et PRÉNOM de la VICTIME	Lieu de l'ACCIDENT (et circonstances détaillées)	NATURE et SIÈGES des LÉSIONS
	accident ……/……/…… enregistrement ……/……/……			
	accident ……/……/…… enregistrement ……/……/……			
	accident ……/……/…… enregistrement ……/……/……			
	accident ……/……/…… enregistrement ……/……/……			
	accident ……/……/…… enregistrement ……/……/……			
	accident ……/……/…… enregistrement ……/……/……			
	accident ……/……/…… enregistrement ……/……/……			
	accident ……/……/…… enregistrement ……/……/……			
	accident ……/……/…… enregistrement ……/……/……			

NOMS des TÉMOINS	SIGNATURE du DONNEUR DE SOINS	SIGNATURE DE LA VICTIME	OBSERVATIONS	DATE de l'ARRÊT de TRAVAIL (le cas échéant)
				du ..../......../........ au ..../......../........
				du ..../......../........ au ..../......../........
				du ..../......../........ au ..../......../........
				du ..../......../........ au ..../......../........
				du ..../......../........ au ..../......../........
				du ..../......../........ au ..../......../........
				du ..../......../........ au ..../......../........
				du ..../......../........ au ..../......../........
				du ..../......../........ au ..../......../........

Numéro d'ORDRE	DATE ACCIDENT - ENREGISTREMENT	NOM et PRÉNOM de la VICTIME	Lieu de l'ACCIDENT (et circonstances détaillées)	NATURE et SIÈGES des LÉSIONS
	accident ……../……../…….. enregistrement ……../……../……..			
	accident ……../……../…….. enregistrement ……../……../……..			
	accident ……../……../…….. enregistrement ……../……../……..			
	accident ……../……../…….. enregistrement ……../……../……..			
	accident ……../……../…….. enregistrement ……../……../……..			
	accident ……../……../…….. enregistrement ……../……../……..			
	accident ……../……../…….. enregistrement ……../……../……..			
	accident ……../……../…….. enregistrement ……../……../……..			
	accident ……../……../…….. enregistrement ……../……../……..			

NOMS des TÉMOINS	SIGNATURE du DONNEUR DE SOINS	SIGNATURE DE LA VICTIME	OBSERVATIONS	DATE de l'ARRÊT de TRAVAIL (le cas échéant)
				du ……./……./…….. au ……./……./……..
				du ……./……./…….. au ……./……./……..
				du ……./……./…….. au ……./……./……..
				du ……./……./…….. au ……./……./……..
				du ……./……./…….. au ……./……./……..
				du ……./……./…….. au ……./……./……..
				du ……./……./…….. au ……./……./……..
				du ……./……./…….. au ……./……./……..
				du ……./……./…….. au ……./……./……..
NOMS des TÉMOINS	SIGNATURE du DONNEUR DE SOINS	SIGNATURE DE LA VICTIME	OBSERVATIONS	DATE de l'ARRÊT de TRAVAIL

Numéro d'ORDRE	DATE ACCIDENT - ENREGISTREMENT	NOM et PRÉNOM de la VICTIME	Lieu de l'ACCIDENT (et circonstances détaillées)	NATURE et SIÈGES des LÉSIONS
	accident ..../........./......... enregistrement ..../........./.........			
	accident ..../........./......... enregistrement ..../........./.........			
	accident ..../........./......... enregistrement ..../........./.........			
	accident ..../........./......... enregistrement ..../........./.........			
	accident ..../........./......... enregistrement ..../........./.........			
	accident ..../........./......... enregistrement ..../........./.........			
	accident ..../........./......... enregistrement ..../........./.........			
	accident ..../........./......... enregistrement ..../........./.........			
	accident ..../........./......... enregistrement ..../........./.........			
Numéro d'ORDRE	DATE ACCIDENT - ENREGISTREMENT	NOM et PRÉNOM de la VICTIME	Lieu de l'ACCIDENT (et circonstances détaillées)	NATURE et SIÈGES des LÉSIONS

NOMS des TÉMOINS	SIGNATURE du DONNEUR DE SOINS	SIGNATURE DE LA VICTIME	OBSERVATIONS	DATE de l'ARRÊT de TRAVAIL (le cas échéant)
				du ……/……/…… au ……/……/……
				du ……/……/…… au ……/……/……
				du ……/……/…… au ……/……/……
				du ……/……/…… au ……/……/……
				du ……/……/…… au ……/……/……
				du ……/……/…… au ……/……/……
				du ……/……/…… au ……/……/……
				du ……/……/…… au ……/……/……
				du ……/……/…… au ……/……/……
NOMS des TÉMOINS	SIGNATURE du DONNEUR DE SOINS	SIGNATURE DE LA VICTIME	OBSERVATIONS	DATE de l'ARRÊT de TRAVAIL (le cas échéant)

www.ingramcontent.com/pod-product-compliance
Lightning Source LLC
Chambersburg PA
CBHW080606220526
45466CB00010B/3266